La CUISINERIE MARABOUT

GÂTEAUX et desserts au CHOCOLAT

Recettes et Aquarelles
de Jessie Kanelos Weiner

MARABOUT
Depuis 1949

pour 8 personnes

Fondant au chocolat

Ingrédients

200 g de chocolat noir
200 g de beurre
200 g de sucre
5 œufs
10 g de farine
¼ de cuillerée à café de sel

Préparation, 15 minutes - Cuisson, 22 minutes

Préchauffez le four à 190 °C. Beurrez un moule de 20 cm de diamètre. Faites fondre ensemble le chocolat et le beurre. Ajoutez le sucre et mélangez. Laissez refroidir 10 minutes. Ajoutez les œufs un à un. Incorporez la farine et le sel, mélangez jusqu'à l'obtention d'une pâte homogène. Versez la pâte dans le moule. Enfournez et faites cuire 22 minutes. Démoulez et laissez refroidir.

Mon conseil

Servez avec une boule de glace ou de la crème fraîche.

pour 8 personnes

Gâteau au chocolat

Ingrédients
200 g de chocolat noir
125 g de beurre
4 œufs
80 g de farine
125 g de sucre
1 ½ cuillerée à café de levure

Ganache
110 g de chocolat noir
10 cl de crème fleurette

Préparation, 10 minutes - Cuisson, 30 minutes

Préchauffez le four à 180 °C. Beurrez un moule de 24 cm de diamètre. Faites fondre ensemble le chocolat et le beurre ; laissez refroidir. Ajoutez les œufs un à un et mélangez. Dans un saladier, tamisez ensemble la farine, le sucre et la levure. Versez les ingrédients secs petit à petit dans le chocolat. Mélangez au fouet jusqu'à l'obtention d'une pâte homogène. Versez la pâte dans le moule. Enfournez et faites cuire 30 minutes. Laissez refroidir le gâteau.
Préparez la ganache au chocolat comme indiqué page 62 en faisant fondre le chocolat et la crème au bain-marie. Étalez la ganache sur le gâteau et laissez refroidir.

pour 8 personnes

Gâteau au chocolat sans farine

Ingrédients

175 g de chocolat noir
50 g de beurre
6 œufs, blancs et jaunes séparés
140 g de sucre
1 cuillerée à soupe d'extrait de vanille
1 pincée de sel

Préparation, 20 minutes - Cuisson, 40 à 45 minutes

Préchauffez le four à 180 °C. Beurrez un moule à charnière de 26 cm de diamètre. Faites fondre ensemble le chocolat et le beurre au bain-marie. Dans un saladier, battez les jaunes d'œufs, 70 g de sucre et la vanille 3 à 4 minutes jusqu'à l'obtention d'un mélange jaune pâle et mousseux. Dans un autre saladier, battez les blancs d'œufs avec 70 g de sucre et le sel. Incorporez délicatement les jaunes d'œufs dans les blancs. Ajoutez le chocolat et mélangez jusqu'à l'obtention d'une pâte homogène. Versez la pâte dans le moule. Enfournez et faites cuire 40 à 45 minutes. Vérifiez la cuisson en piquant le gâteau avec la lame d'un couteau : elle doit ressortir propre.

pour
4
moelleux

Cœur coulant au chocolat blanc

Ingrédients

225 g de chocolat noir
55 g de beurre à température ambiante
30 g + 1 cuillerée à soupe de sucre
3 œufs
40 g de farine
¼ de cuillerée à café de sel
80 g de chocolat blanc

Préparation, 15 minutes - Cuisson, 10 à 12 minutes

Préchauffez le four à 200 °C. Beurrez 4 moules à muffin ou les ramequins et parsemez 1 cuillerée à soupe de sucre. Faites fondre le chocolat noir au bain-marie. Battez le beurre et 30 g de sucre jusqu'à ce que le mélange blanchisse et devienne mousseux. Ajoutez les œufs un à un, puis la farine et le sel. Mélangez. Incorporez délicatement le chocolat fondu. Versez dans les moules. Enfoncez un quart de chocolat blanc dans chaque moule jusqu'à ce qu'il ne soit plus visible. Enfournez et faites cuire 10 à 12 minutes. Laissez reposer 10 minutes avant de démouler.

Mon conseil

Servez avec un coulis de framboises : portez 20 cl d'eau et 200 g de sucre à ébullition. Ajoutez 500 g de framboises. Versez dans le bol d'un robot et mixez jusqu'à l'obtention d'un coulis homogène. Passez au chinois et laissez refroidir.

pour
16
brownies

Brownie

Ingrédients

225 g de chocolat noir
115 g de beurre
3 œufs
75 g de sucre
90 g de farine
½ cuillerée à café de sel
50 g de noix grillées et hachées

Préparation, 15 minutes - Cuisson, 45 à 50 minutes

Préchauffez le four à 180 °C. Chemisez un moule carré de 20 cm de côté de papier d'aluminium. Faites fondre le chocolat et le beurre au bain-marie ; laissez refroidir. Dans un saladier, mélangez les œufs et le sucre. Versez le chocolat et le beurre fondus dans le saladier, puis incorporez la farine et le sel, petit à petit. Ajoutez les noix hachées. Versez la préparation dans le moule. Enfournez et faites cuire 45 à 50 minutes. Vérifiez la cuisson en piquant le gâteau avec la lame d'un couteau : elle doit ressortir propre. Laissez refroidir. Coupez en 16 brownies.

Mon conseil

Pour faire des brownies parfaitement carrés, mettez le gâteau au congélateur 20 minutes avant de le découper.

pour
16
brownies

Black and white brownie

Black

225 g de chocolat noir
115 g de beurre
3 œufs
75 g de sucre
90 g de farine
½ cuillerée à café de sel

White

110 g de Philadelphia®
1 œuf
20 g de sucre
1 cuillerée à soupe de farine
½ cuillerée à café d'extrait de vanille

Préparation, 15 minutes - Cuisson, 45 à 50 minutes

Préchauffez le four à 180 °C. Chemisez un moule carré de 20 cm de côté de papier d'aluminium. Faites fondre le chocolat et le beurre au bain-marie ; laissez refroidir. Dans un saladier, mélangez les œufs et le sucre. Versez le chocolat et le beurre fondus dans le saladier, puis incorporez la farine et le sel, petit à petit. Versez la préparation dans le moule. Pour la couche cheesecake, battez le fromage frais, l'œuf, le sucre, la farine et l'extrait de vanille. Déposez des cuillerées de préparation cheesecake sur la préparation au chocolat. Pour créer un effet marbré, faites plusieurs courbes dans la pâte à l'aide d'un couteau. Enfournez et faites cuire 45 à 50 minutes. Vérifiez la cuisson en piquant le gâteau avec la lame d'un couteau : elle doit ressortir propre. Laissez refroidir avant de couper en 16 brownies.

LE B.A.-BA DU CHOCOLAT

Types de chocolat

Chocolat noir

Le chocolat noir est le plus utilisé en pâtisserie. Sa teneur en cacao varie de 30 à 70 % environ. Plus elle est élevée, plus le chocolat est riche en goût et la recette intense.

Chocolat au lait

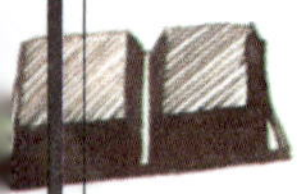

Avec sa teneur en cacao entre 25 et 40 %, le chocolat au lait est plus sucré que le chocolat noir. Mélangé avec du lait en poudre pendant la fabrication, il donne une texture crémeuse.

Chocolat blanc

Il ne contient pas de cacao, mais il est riche en beurre de cacao. Il est doux, moelleux et sucré.

Cacao en poudre

Après l'extraction du beurre de cacao, le cacao est tiré de la graine du cacaoyer. Il possède un goût fort sans être gras comme le chocolat. Pour réaliser vos gâteaux, utilisez un cacao non sucré et très foncé.

Chocolat de couverture

Un chocolat d'excellente qualité, destiné aux chocolatiers et aux pâtissiers professionnels. Grâce à sa teneur en beurre de cacao élevée (minimum 32 %), il permet d'obtenir un aspect brillant pour les œufs de Pâques et les chocolats maison. On le trouve dans les magasins spécialisés en pâtisserie.

Pépites et pistoles

Le chocolat de couverture se présente souvent sous forme de pistoles prêtes à être utilisées. Elles fondent très facilement. On trouve des pépites toutes faites en supermarché, pratiques pour les cookies. Vous pouvez aussi les réaliser vous-même (voir ci-contre).

Préparer le chocolat

Il existe plusieurs techniques pour hacher le chocolat. Pour des morceaux bruts, frappez le chocolat plusieurs fois sur un plan de travail sans le sortir de son emballage. Pour des morceaux carrés (pour les cookies), hachez le chocolat avec un couteau de chef. Utilisez un couteau dentelé pour hacher le chocolat que vous souhaitez faire fondre.

Faire fondre le chocolat

Au bain-marie

Versez un peu d'eau dans une casserole. Portez l'eau à ébullition, puis baissez le feu. Hachez le chocolat en morceaux, mettez-les dans un bol en verre plus grand que la casserole et placez-le directement dessus. Faites fondre le chocolat doucement. Attention, l'eau ne doit pas toucher le fond du bol. Le chocolat doit fondre très doucement au risque de durcir ou de brûler (49 °C maximum pour le chocolat noir, 43 °C pour le chocolat au lait et le chocolat blanc.)

Au micro-ondes

Hachez le chocolat et mettez les morceaux dans un bol en verre. Chauffez 2 minutes à pleine puissance jusqu'à ce qu'il commence à fondre. Remuez. Continuez la cuisson en surveillant toutes les 10 secondes jusqu'à ce qu'il fonde complètement. Pour le chocolat blanc, réduisez la puissance du four de moitié.

Cuisson directe

Souvent, le chocolat est fondu dans un liquide comme le lait ou la crème. Soit il fond directement avec la crème dans la casserole, soit on verse la crème frémissante sur le chocolat et on remue jusqu'à ce qu'il soit fondu et que le mélange soit homogène.

pour
12
personnes

Cheesecake chocolat blanc

Ingrédients

1 pâte aux Oreo® (page 63)
200 g de chocolat blanc
900 g de Philadelphia®
150 g de sucre
4 œufs
60 g de farine
140 g de crème fraîche
2 gousses de vanille

Préparation, 30 minutes - Cuisson, 40 minutes - Refroidissement, 1 heure - Réfrigération, 12 heures

Préparez la pâte aux Oreo® comme indiqué page 63. Couvrez le fond d'un moule à charnière de 26 cm de plusieurs épaisseurs de papier d'aluminium. Tassez la pâte dans le moule.

Préchauffez le four à 175 °C. Faites fondre le chocolat blanc au bain-marie. Laissez refroidir 10 minutes. Dans un grand saladier, battez le Philadelphia® et le sucre 5 minutes pour obtenir un mélange mousseux. Ajoutez les œufs et mélangez bien. Ajoutez la farine, la crème fraîche et les graines des gousses de vanille. Mélangez jusqu'à l'obtention d'une pâte homogène. Ajoutez le chocolat blanc et mélangez le tout.

Versez la préparation dans le moule. Mettez-le sur une plaque de cuisson à bord haut ; versez de l'eau bouillante jusqu'à mi-hauteur du moule. Enfournez et faites cuire 30 minutes à 175 °C, puis baissez la température à 160 °C et prolongez la cuisson de 10 minutes. Éteignez le four et entrouvrez la porte ; laissez le cheesecake refroidir 1 heure dans le four. Mettez au moins 12 heures au frais.

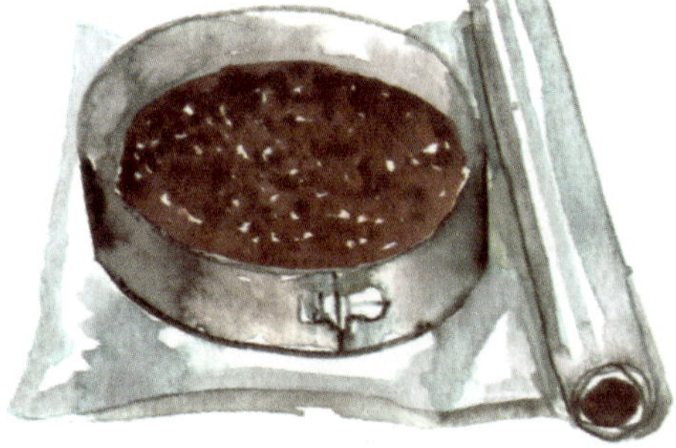

pour 8 personnes

Charlotte aux 2 chocolats

Ingrédients

14 à 16 biscuits à la cuiller
2 feuilles de gélatine
115 g de chocolat noir haché
115 g de chocolat blanc haché
4 cuillerées à soupe de lait entier
40 cl de crème fleurette bien froide
2 œufs
4 cuillerées à soupe de sucre glace

Préparation, 30 minutes - Réfrigération, 24 heures

Tapissez un moule à charlotte de 18 cm de diamètre de film alimentaire. Rangez les biscuits sur le fond et la paroi du moule.
Pour la mousse au chocolat noir, trempez 1 feuille de gélatine dans 1 cuillerée à soupe d'eau froide pendant 5 minutes. Faites fondre le chocolat noir dans 2 cuillerées à soupe de lait au bain-marie. Ajoutez la gélatine et 1 œuf. Mélangez. Montez 20 cl de crème en chantilly ferme avec 2 cuillerées à soupe de sucre glace. Incorporez la crème délicatement dans le chocolat noir. Versez dans le moule et mettez au frais, le temps de préparer la mousse au chocolat blanc.
Pour la mousse au chocolat blanc, trempez 1 feuille de gélatine dans 1 cuillerée à soupe d'eau froide pendant 5 minutes. Faites fondre le chocolat blanc dans 2 cuillerées à soupe de lait au bain-marie. Ajoutez 1 feuille de gélatine et 1 œuf puis mélangez. Battez 20 cl de crème en chantilly avec 2 cuillerées à soupe de sucre glace. Incorporez la crème délicatement dans le chocolat blanc. Versez sur la couche de chocolat noir. Mettez au moins 24 heures au frais. Pour démouler facilement, passez un couteau sur le bord du gâteau.

pour
8
personnes

Marbré

Ingrédients

200 g de beurre à température ambiante
100 g de sucre
3 œufs
200 g de farine
1 cuillerée à café de levure
¼ de cuillerée à café de sel
1 cuillerée à café d'extrait de vanille
150 g de crème fraîche
30 g de cacao

Préparation, 15 minutes - Cuisson, 1 heure

Préchauffez le four à 175 °C. Beurrez un moule à cake de 30 × 10 cm. Dans un saladier, battez le beurre et le sucre 5 minutes afin d'obtenir un mélange mousseux. Ajoutez les œufs puis mélangez bien. Tamisez ensemble la farine, la levure et le sel ; incorporez petit à petit au mélange précédent. Ajoutez la vanille et la crème fraîche.
Divisez la pâte dans 2 saladiers. Incorporez le cacao dans un des saladiers. Versez la préparation au cacao dans le moule puis couvrez avec la préparation à la vanille. Passez un couteau plusieurs fois dans la pâte pour créer un effet marbré. Enfournez et faites cuire 1 heure. Vérifiez la cuisson en piquant le gâteau avec la lame d'un couteau : elle doit ressortir propre.

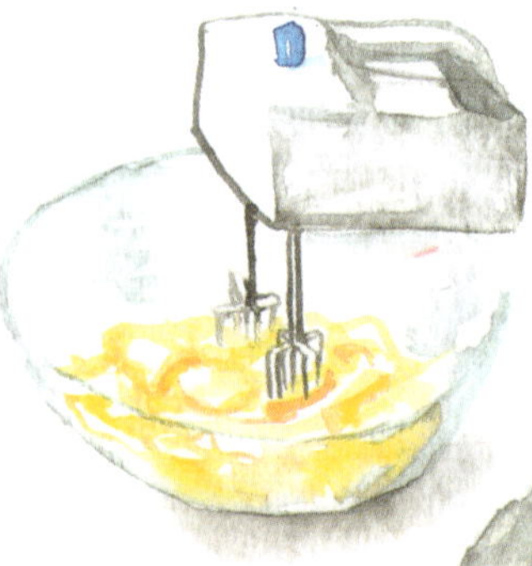

pour 8 personnes

Cake à la bière

Ingrédients

85 g de chocolat noir
185 g de farine
2 cuillerées à café de levure
1 cuillerée à café de bicarbonate de soude
1 pincée de sel
110 g de beurre
150 g de sucre
2 œufs, blancs et jaunes séparés
12 cl de bière stout
6 cl de café fort

Préparation, 15 minutes - Cuisson, 50 à 60 minutes

Préchauffez le four à 190 °C. Beurrez et farinez un moule à cake de 30 × 10 cm. Faites fondre le chocolat au bain-marie. Dans un saladier, tamisez ensemble la farine, la levure, le bicarbonate de soude et le sel. Dans un autre saladier, battez le beurre et le sucre afin d'obtenir un mélange mousseux. Ajoutez les jaunes d'œufs et battez bien. Incorporez petit à petit le mélange à base de farine, puis le chocolat fondu, la bière et le café. Montez les blancs d'œufs en neige puis incorporez-les délicatement à la préparation. Versez le tout dans le moule. Enfournez et faites cuire 50 à 60 minutes. Vérifiez la cuisson en piquant le gâteau avec la lame d'un couteau : elle doit ressortir propre. Laissez refroidir.

Mon conseil

Utilisez de préférence une bière stout comme Young's Double Chocolate Stout®. Faite avec des graines torréfiées et parfumée avec le cacao et le café, elle apportera une complexité à ce gâteau.

pour 8 personnes

Gâteau poire-chocolat

Ingrédients

115 g de beurre à température ambiante
60 g de sucre
3 œufs
100 g de poudre d'amandes
40 g de cacao en poudre
1 cuillerée à café d'extrait de vanille
¼ de cuillerée à café d'extrait d'amande
1 pincée de sel
3 poires
1 cuillerée à soupe de jus de citron

Préparation, 25 minutes - Cuisson, 35 à 40 minutes

Préchauffez le four à 170 °C. Beurrez un moule à manqué de 20 cm de diamètre. Dans un saladier, battez le beurre et le sucre afin d'obtenir un mélange mousseux. Ajoutez les œufs un à un, puis la poudre d'amandes, le cacao, la vanille, l'extrait d'amande et le sel. Versez la préparation dans le moule. Épluchez et tranchez les poires. Mélangez-les dans le jus de citron. Posez les tranches de poire sur la pâte en 2 cercles concentriques. Enfournez et faites cuire 35 à 40 minutes. Vérifiez la cuisson en piquant le gâteau avec la lame d'un couteau : elle doit ressortir propre.

pour
8
personnes

Gâteau banane-pépites

Ingrédients

220 g de bananes très mûres (3 à 4 bananes)
10 cl de crème fraîche
225 g de beurre à température ambiante
40 g de sucre
40 g de sucre vergeoise
2 œufs
380 g de farine
1 cuillerée à café de bicarbonate de soude
½ cuillerée à café de levure
½ cuillerée à café de sel
2 cuillerées à café d'extrait de vanille
50 g de pépites de chocolat

Préparation, 15 minutes - Cuisson, 50 à 60 minutes

Préchauffez le four à 175 °C. Beurrez et farinez un moule à cake de 30 × 10 cm. Écrasez les bananes à la fourchette puis mélangez-les dans la crème fraîche. Dans un saladier, battez le beurre avec le sucre et la vergeoise 4 minutes jusqu'à l'obtention d'un mélange mousseux. Incorporez les œufs. Tamisez la farine, le bicarbonate de soude, la levure, la vanille et le sel. Versez la moitié de la préparation banane-crème fraîche puis la moitié de la farine dans le beurre. Ajoutez les pépites de chocolat. Renouvelez l'opération jusqu'à l'obtention d'une pâte homogène. Versez la pâte dans le moule. Enfournez et faites cuire 50 à 60 minutes. Vérifiez la cuisson en piquant le gâteau avec la lame d'un couteau : elle doit ressortir propre.

Mon conseil

Les bananes doivent être très mûres. Plus elles sont mouchetées, plus le gâteau sera goûteux.

pour 6 personnes

Crumble poire-chocolat

Ingrédients

6 poires
2 cuillerées à soupe de cassonade
1 cuillerée à soupe de jus de citron
1 pincée de sel
50 g de chocolat noir coupé en morceaux

Crumble

125 g de noisettes torréfiées
100 g de beurre fondu
115 g de farine
60 g de cassonade
½ cuillerée à café de levure
¼ de cuillerée à café de bicarbonate de soude
1 pincée de sel

Préparation, 30 minutes - Cuisson 40 à 50 minutes

Préchauffez le four à 180 °C. Épluchez les poires et coupez-les en petits morceaux. Mélangez avec la cassonade, le jus de citron et le sel. Versez les poires dans un moule carré de 26 cm de côté et parsemez les morceaux de chocolat.
Mettez les noisettes dans le bol d'un robot et hachez-les finement.
Ajoutez le beurre, la farine, la cassonade, la levure, le bicarbonate de soude et le sel ; faites tourner jusqu'à l'obtention d'une pâte friable.
Couvrez les poires et le chocolat de crumble. Enfournez et faites cuire 40 à 50 minutes jusqu'à ce que le crumble soit croustillant et doré.

pour 4 personnes

Tiramisu au chocolat

Ingrédients

60 g de chocolat noir
3 jaunes d'œufs
3 cuillerées à soupe de sucre
250 g de mascarpone
2 cuillerées à café de brandy ou de rhum
10 cl de café fort
125 g de biscuits à la cuiller
2 cuillerées à soupe de cacao en poudre

Préparation, 25 minutes - Réfrigération, 2 à 8 heures

Faites fondre le chocolat au bain-marie. Dans un saladier, battez les jaunes d'œufs et le sucre 5 minutes afin d'obtenir un mélange mousseux. Ajoutez le chocolat fondu, le mascarpone, le brandy et 1 cuillerée à soupe de café ; mélangez. Faites tremper la moitié des biscuits dans le café, 1 seconde de chaque côté. Couvrez le fond d'un plat ovale de 24 × 17 cm avec les biscuits. Étalez la moitié de la crème. Répétez l'opération avec le reste de biscuits et de crème. Saupoudrez le tiramisu de cacao. Mettez 2 à 8 heures au frais.

pour
8
personnes

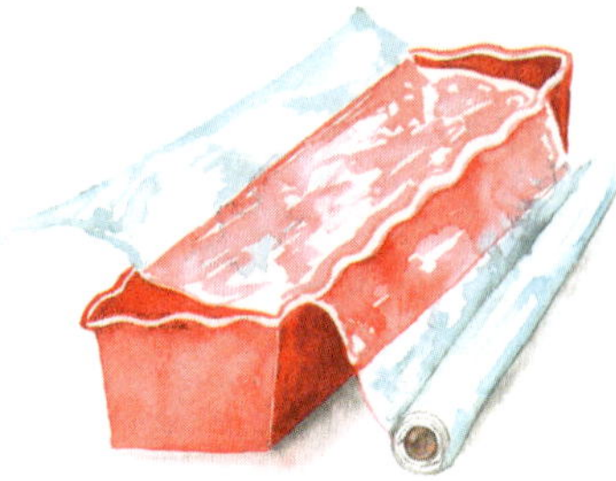

Marquise

Ingrédients

150 g de chocolat noir haché
7 jaunes d'œufs
250 g de sucre
250 g de beurre à température ambiante
160 g de cacao en poudre
50 cl de crème fleurette

Préparation, 20 minutes - Réfrigération, 24 heures

Tapissez un moule à cake de 24 × 9 cm de film alimentaire. Faites fondre le chocolat au bain-marie. Dans un saladier, battez les jaunes d'œufs et 200 g de sucre jusqu'à ce que le mélange blanchisse. Ajoutez le chocolat fondu, le beurre et le cacao, petit à petit. Battez jusqu'à l'obtention d'une crème homogène. Montez la crème fleurette en chantilly avec 50 g de sucre. Incorporez la crème délicatement dans le chocolat. Versez le tout dans le moule. Couvrez de film alimentaire. Laissez au moins 24 heures au frais.

Mon conseil

Servez avec de la crème anglaise : faites blanchir 4 jaunes d'œufs et 50 g de sucre dans une casserole. Ajoutez 50 cl de lait et mettez sur feu doux. Remuez et laissez cuire jusqu'à la première ébullition. Ajoutez 1 cuillerée à café d'extrait de vanille. Passez au chinois, couvrez de film alimentaire et mettez 8 heures au moins au frais.

pour
4
personnes

Soufflé au chocolat

Ingrédients

40 g + 1 cuillerée à soupe de sucre
225 g de chocolat noir haché
3 jaunes d'œufs
4 blancs d'œufs
1 cuillerée à café d'extrait de vanille

Préparation, 30 minutes - Cuisson, 30 à 35 minutes

Beurrez un moule à soufflé de 16 cm de diamètre et parsemez la cuillerée à soupe de sucre. Faites fondre le chocolat dans 10 cl d'eau au bain-marie ; laissez refroidir. Ajoutez les jaunes d'œufs et la vanille. Mélangez. Dans un saladier, montez les blancs d'œufs en neige ferme en incorporant le sucre, petit à petit. Versez la moitié des blancs d'œufs dans le mélange au chocolat. Incorporez délicatement. Répétez l'opération jusqu'à l'obtention d'une pâte aérée et homogène. Versez dans le moule. Enfournez et faites cuire 30 à 35 minutes jusqu'à ce que le soufflé soit bien gonflé.

pour
6
personnes

Icebox cake choco-ricotta

Ingrédients

285 g de chocolat noir
500 g de ricotta
4 cl de café fort
1 cuillerée à café d'extrait de vanille
15 cl de crème entière
10 à 15 biscuits petit déjeuner au cacao

Préparation, 15 minutes - Réfrigération, 6 à 24 heures

Beurrez un moule à cake de 30 × 10 cm, tapissez-le de film alimentaire. Faites fondre le chocolat au bain-marie. Versez la ricotta, le café et l'extrait de vanille dans le bol d'un robot. Faites tourner 1 minute jusqu'à l'obtention d'un mélange bien lisse. Ajoutez le chocolat fondu et mélangez bien. Dans un saladier, montez la crème en chantilly ferme. Incorporez-la délicatement dans le mélange au chocolat. Versez un tiers de la préparation dans le fond du moule. Couvrez avec la moitié des biscuits. Répétez l'opération pour avoir 3 couches de crème et 2 couches de biscuit. Couvrez le haut du gâteau de film alimentaire. Mettez 6 à 24 heures au frais. Pour démouler, tirez sur le film autour du gâteau.

pour 8 personnes

Flan au chocolat

Ingrédients

150 g de sucre
1 cuillerée à café de jus de citron
40 cl de lait entier
1 boîte (400 g) de lait concentré sucré
30 g de cacao en poudre
4 œufs, blancs et jaunes séparés
1 cuillerée à café d'extrait de vanille

Préparation, 15 minutes - Cuisson, 1 h à 1 h 15 - Réfrigération, 2 heures

Préchauffez le four à 180 °C. Faites chauffer le sucre et le jus de citron dans une casserole à feu moyen-vif jusqu'à l'obtention d'un caramel ambré. Versez dans un moule de 25 cm de diamètre.

Faites frémir le lait, le lait concentré et le cacao dans une casserole à feu doux. Fouettez les jaunes d'œufs et ajoutez le lait chaud, petit à petit. Dans un saladier, montez les blancs d'œufs en neige ferme. Incorporez les blancs délicatement dans le mélange au lait. Ajoutez la vanille. Versez dans le fond du moule. Enfournez et faites cuire au bain-marie 1 heure à 1 h 15. Laissez refroidir puis placez 2 heures au frais avant de démouler.

Mon conseil

Pour des flans individuels, versez le caramel dans 8 ramequins puis couvrez avec le mélange de lait. Faites cuire au bain-marie 30 à 40 minutes.

NOËL

Chocolats

Les familles se retrouvent pour un grand dîner la veille de Noël. Après la fête traditionnelle de foie gras, fruits de mer et dinde, la bûche de Noël est la pièce de résistance. Elle symbolise la bûche mise sur le feu en début de soirée pour commencer la fête. La bûche n'est pas la seule star chocolatée de la table de Noël. Elle est accompagnée de nombreuses confiseries : les mendiants, par exemple. Quatre fruits secs et noix différents sont posés symboliquement sur un disque de chocolat. Les quatre fruits représentent les 4 ordres religieux mendiants : l'amande symbolise les Dominicains, la noisette les Carmes, la figue séchée les Augustins, et le raisin sec les Franciscains. Les variations sont possibles avec des graines, des fruits confits et d'autres fruits à coque.

Mendiants

Ingrédients

150 g de chocolat noir haché
20 g de cranberries séchées
15 g de pistaches
30 g d'amandes
50 g de gingembre confit,
coupé en petits morceaux

Pour 25 mendiants - Préparation, 30 minutes

Faites fondre le chocolat au bain-marie. Chemisez une plaque de papier sulfurisé. Déposez 1 cuillerée à café de chocolat fondu sur le papier. Étalez en disque avec le dos d'une cuillère. Posez 1 cranberry, 1 pistache, 1 amande et 1 morceau de gingembre sur chaque disque de chocolat. Répétez l'opération jusqu'à épuisement des ingrédients. Laissez prendre à température ambiante.

Orangettes

Ingrédients

1,5 kg d'oranges
10 g de sel
600 g de sucre
200 g de chocolat noir

Mon conseil

Remplacez les oranges par des citrons.

Pour 50 pièces - Préparation, 2 jours - Trempage, 24 heures

Lavez bien les oranges sous de l'eau chaude. Trempez-les dans de l'eau froide 24 heures en changeant l'eau 5 fois. Découpez les peaux en lanières. Faites bouillir 2,5 litres d'eau avec le sel à l'autocuiseur. Ajoutez les lanières d'orange et faites-les cuire 10 minutes ; rincez-les à l'eau froide. Dans une casserole, faites un sirop avec 1 litre d'eau et le sucre. Ajoutez les lanières d'orange et faites frémir 10 minutes. Laissez refroidir. Répétez l'opération 3 fois en 24 heures. Égouttez. Laissez refroidir et sécher les oranges. Faites fondre le chocolat au bain-marie. Trempez les lanières dans le chocolat à l'aide de 2 fourchettes. Égouttez-les et posez-les sur du papier sulfurisé. Laissez refroidir puis servez.

Chocolats fourrés

Ingrédients

500 g de chocolat noir haché
250 g de crème fraîche
10 g d'un mélange d'épices pour pain d'épices
100g de chocolat noir de couverture, haché

Mon conseil

Pour une touche festive, décorez les chocolats avec 1 petite pincée de poudre alimentaire irisée, dorée (magasins spécialisés en pâtisserie).

Pour 70 à 80 pièces - Préparation, 15 minutes - Refroidissement, 2 heures - Cuisson, 15 à 20 minutes

Faites fondre le chocolat noir au bain-marie. Faites frémir la crème fraîche puis ajoutez le chocolat et les épices. Remuez et faites chauffer jusqu'à l'obtention d'un mélange homogène. Versez la ganache dans un cadre de confiseur de 1 cm de hauteur sur une feuille de papier sulfurisé. Laissez refroidir 2 heures. Découpez des carrés et mettez-les au frais. Faites fondre 50 g de chocolat noir de couverture au bain-marie. Ajoutez le reste de chocolat et remuez. Attendez jusqu'à l'obtention de 32 °C, la température de travail. À l'aide d'une fourchette, trempez les ganaches dans le chocolat de couverture fondu. Égouttez-les et posez-les sur une feuille de papier sulfurisé. Laissez refroidir.

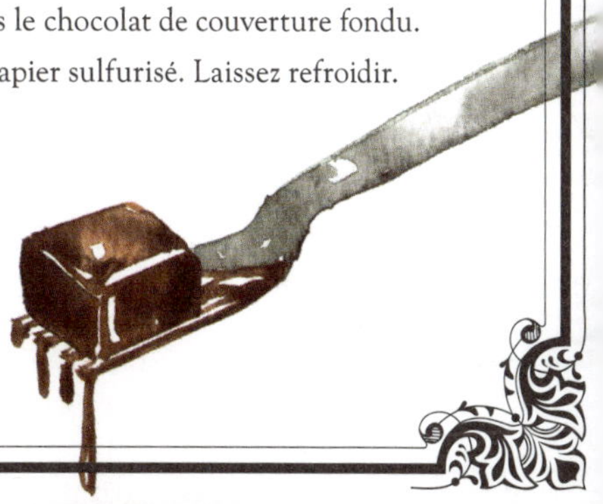

pour
8
personnes

Bûche au chocolat

Ingrédients

180 g de chocolat noir haché
4 œufs, blancs et jaunes séparés
100 g de sucre
cacao, pour saupoudrer

Garniture

220 g de chocolat noir
3 cuillerées à soupe de brandy
2 œufs, blancs et jaunes séparés
250 g de fromage blanc à température ambiante

Préparation, 40 minutes - Cuisson, 15 à 20 minutes

Préchauffez le four à 180 °C. Beurrez une plaque à pâtisserie et chemisez-la de papier sulfurisé. Faites fondre le chocolat au bain-marie. Dans un saladier, battez les jaunes d'œufs et le sucre 4 à 5 minutes jusqu'à ce que le mélange blanchisse et épaississe. Ajoutez le chocolat fondu et mélangez. Montez les blancs d'œufs en neige ferme. Incorporez les blancs délicatement à la préparation au chocolat. Versez sur la plaque et étalez la pâte à l'aide d'une spatule plate. Enfournez et faites cuire 15 à 20 minutes. Saupoudrez une feuille de papier sulfurisé de cacao. Démoulez le gâteau sur le papier ; couvrez avec un torchon propre et laissez refroidir.

Pour la garniture, faites fondre le chocolat et le brandy au bain-marie. Battez les jaunes d'œufs jusqu'à ce que le mélange mousse puis incorporez-les dans le chocolat. Montez les blancs en neige et incorporez-les délicatement au mélange précédent.

Retirez le papier sulfurisé sous le gâteau. Étalez dessus le fromage blanc. Étalez la mousse au chocolat par-dessus. Roulez en longueur avec soin pour bien enfermer la garniture.

pour
8
personnes

Pavlova choco-passion

Ingrédients

8 blancs d'œufs
150 g de sucre
1 cuillerée à soupe de cacao en poudre
1 cuillerée à café de vinaigre de vin rouge
20 cl de crème fleurette
2 cuillerées à soupe de sucre glace
1 cuillerée à café d'extrait de vanille
5 fruits de la passion

Sauce au chocolat

150 g de chocolat noir haché
10 cl de crème fleurette
50 g de beurre

Préparation, 20 minutes - Cuisson, 1 heure - Refroidissement, 2 heures

Préchauffez le four à 150 °C. Montez les blancs d'œufs en neige avec le sucre. Ajoutez le cacao et le vinaigre. Mélangez délicatement à l'aide d'une maryse afin d'obtenir une préparation homogène. Étalez la meringue sur du papier sulfurisé en forme de disque de 25 cm de diamètre. Enfournez et faites cuire 1 heure ; éteignez le four et laissez refroidir complètement.
Préparez la sauce au chocolat chaude comme indiqué page 57.
Dans un saladier, montez la crème en chantilly ferme avec le sucre glace et la vanille. Garnissez la meringue de crème Chantilly, de sauce au chocolat puis de pulpe de fruits de la passion.

Mon conseil

Remplacez les fruits de la passion par des fruits rouges en été ou des poires tranchées en automne.

TRUFFES

Truffes au chocolat noir

Pour 60 truffes - Préparation, 15 minutes - Réfrigération, 2 heures

Ingrédients

450 g de chocolat noir, coupé en morceaux
25 cl de crème fleurette
50 g de cacao en poudre

Mon conseil

Pour une variante à la pistache, remplacez le cacao par 50 g de poudre de pistaches.

Chemisez une plaque de four de 38 × 28 cm de papier sulfurisé. Mettez le chocolat dans un saladier. Chauffez la crème dans une casserole sur feu doux ; portez à ébullition. Versez sur le chocolat et remuez. Quand le mélange est homogène, étalez-le sur la plaque. Couvrez de film alimentaire et mettez au moins 2 heures au frais. Versez le cacao sur une assiette. Coupez la ganache en carrés. Faites des boules de ganache avec les mains puis roulez-les dans le cacao. Réservez au frais.

Truffes chocolat blanc-coco

Pour 60 truffes - Préparation, 20 minutes - Réfrigération, 2 heures

Ingrédients

450 g de chocolat blanc, coupé en morceaux
25 cl de crème de coco
1 gousse de vanille
100 g de noix de coco râpée

Chemisez une plaque de four de 38 × 28 cm de papier sulfurisé. Fendez la gousse de vanille en deux et raclez l'intérieur pour récupérer les graines. Mettez le chocolat blanc dans un saladier avec les graines de vanille. Portez à ébullition la crème de coco dans une casserole sur feu doux. Versez sur le chocolat blanc et remuez. Quand le mélange est homogène, étalez-le sur la plaque. Couvrez de film alimentaire et mettez au moins 2 heures au frais. Préchauffez le four à 180 °C. Faites dorer la noix de coco râpée 8 minutes sur une plaque de four ; laissez refroidir. Coupez la ganache en carrés. Faites des boules de ganache avec les mains puis roulez-les dans la noix de coco. Réservez au frais.

Truffes chocolat au lait-gingembre

Ingrédients

350 g de chocolat au lait, haché
25 cl de crème fleurette
1 cuillerée à soupe de gingembre frais, haché
50 g de cacao en poudre
120 g de gingembre confit, taillés très finement

Pour 40 truffes - Préparation, 15 minutes - Réfrigération, 2 heures

Chemisez une plaque de four de 38 × 28 cm de papier sulfurisé. Mettez le chocolat dans un saladier. Chauffez la crème avec le gingembre frais dans une casserole sur feu doux ; portez à ébullition. Versez sur le chocolat et remuez. Quand le mélange est homogène, étalez-le sur la plaque. Couvrez de film alimentaire et mettezau moisn 2 heures au frais. Mélangez le cacao et le gingembre confit sur une assiette. Coupez la ganache en carrés. Faites des boules de ganache avec les mains puis roulez-les dans le mélange cacao-gingembre. Réservez au frais.

Truffes whisky-pécan

Ingrédients

450 g de chocolat noir, coupé en morceaux
25 cl de crème fleurette
4 cuillerées à soupe de whisky
150 g de noix de pécan finement hachées

Pour 40 truffes - Préparation, 15 minutes - Réfrigération, 2 heures

Chemisez une plaque de four de 38 × 28 cm de papier sulfurisé. Mettez le chocolat dans un saladier. Chauffez la crème dans une casserole sur feu doux ; portez à ébullition. Versez la crème sur le chocolat et remuez. Ajoutez le whisky. Quand le mélange est homogène, étalez-le sur la plaque. Couvrez de film alimentaire et mettez au moins 2 heures au frais. Coupez la ganache en carrés. Faites des boules de ganache avec les mains puis roulez-les dans les noix de pécan. Réservez au frais.

pour
8
personnes

Tarte au chocolat

Ingrédients

1 pâte sablée au chocolat (page 63)
450 g de chocolat noir
20 cl de crème fleurette
40 g de beurre
3 jaunes d'œufs
1 pincée de sel

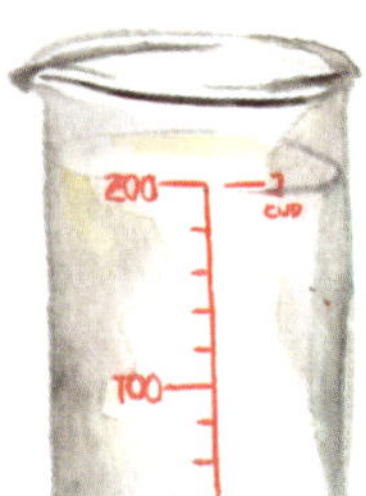

Préparation, 15 minutes - Réfrigération, 1 heure - Cuisson, 15 minutes - Repos, 2 heures

Préparez la pâte sablée au chocolat ; mettez-la 1 heure au réfrigérateur. Préchauffez le four à 180 °C. Étalez la pâte dans un moule à tarte de 25 cm. Couvrez de papier sulfurisé et de haricots secs. Faites cuire 15 minutes à blanc. Laissez refroidir.

Faites fondre ensemble le chocolat et la crème au bain-marie. Ajouter le beurre et mélangez. Laissez refroidir 10 minutes. Incorporez les jaunes d'œufs et le sel. Versez sur le fond de tarte. Laissez refroidir 2 heures à température ambiante.

Mon conseil

Pour une tarte chocolat-orange, ajoutez 1 cuillerée à soupe de Cointreau® aux jaunes d'œufs. Décorez de zestes d'orange.

pour **8** personnes

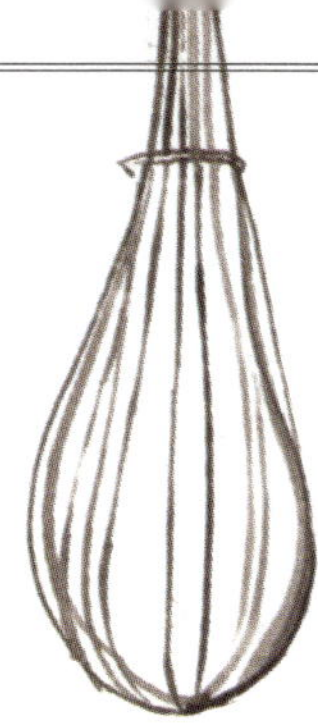

Chocolate pie

Ingrédients

1 pâte sablée au chocolat (page 63)
35 g de Maïzena®
2 cuillerées à soupe de cacao en poudre
100 g de sucre
1 pincée de sel
4 jaunes d'œufs
60 cl de lait entier
200 g de chocolat noir

Chantilly

20 cl de crème entière
2 cuillerées à soupe de sucre glace
copeaux de chocolat

Préparation, 45 minutes - Réfrigération, 1 heure + 2 heures - Cuisson, 15 minutes

Préparez la pâte sablée au chocolat ; mettez-la 1 heure au frais.
Préchauffez le four à 180 °C. Étalez la pâte dans un moule à tarte de 26 cm de diamètre. Couvrez de papier sulfurisé et de haricots secs. Faites cuire 15 minutes à blanc. Laissez refroidir.
Dans une casserole, mélangez la Maïzena®, le cacao, le sucre, le sel et les jaunes d'œufs. Ajoutez le lait petit à petit et fouettez sur feu moyen-vif jusqu'à ébullition. Faites cuire 1 minute. Ajoutez le chocolat puis remuez. Versez la crème obtenue sur le fond de tarte. Filmez au contact et mettez au moins 2 heures au frais.
Fouettez la crème en chantilly ferme avec le sucre glace. Couvrez la tarte d'une belle couche de chantilly. Parsemez de copeaux de chocolat.

Mon conseil

Pour réaliser les copeaux de chocolat, utilisez un économe.

pour
8
personnes

Tarte choco-banane

Pâte sablée

1 pâte sablée nature (page 63)

Bananes caramélisées

3 bananes
1 cuillerée à soupe de jus de citron
20 g de beurre
4 cuillerées à soupe de sucre

Chocolat

150 g de chocolat noir coupé en morceaux
110 g de beurre
1 œuf + 3 jaunes d'œufs
1 pincée de piment de Cayenne

Préparation, 40 minutes - Réfrigération, 1 heure - Cuisson, 26 minutes

Préparez la pâte sablée ; placez-la 1 heure au réfrigérateur. Préchauffez le four à 190 °C. Étalez la pâte dans un moule à tarte de 26 cm de diamètre. Couvrez de papier sulfurisé et de haricots secs. Faites cuire 15 minutes à blanc jusqu'à ce que la pâte soit croustillante. Laissez refroidir.
Coupez les bananes en rondelles de 1 cm d'épaisseur et mélangez-les dans le jus de citron. Mettez une poêle sur feu moyen-vif, ajoutez le beurre, les bananes et parsemez le sucre. Faites cuire jusqu'à ce que les bananes soient caramélisées sur chaque face. Disposez les bananes sur le fond de tarte.
Faites fondre le chocolat et le beurre au bain-marie ; laissez refroidir 5 minutes. Dans un saladier, battez l'œuf et les jaunes d'œufs. Ajoutez le mélange au chocolat et le piment de Cayenne. Remuez vite à l'aide d'une maryse. Couvrez les bananes de chocolat. Enfournez et faites cuire la tarte 11 minutes.

pour
12
personnes

Tarte choco-caramel

Pâte sablée

1 pâte sablée nature (page 63)

Caramel

10 cl d'eau
350 g de sucre
90 g de miel
115 g de beurre coupé
en morceaux
10 cl de crème entière
2 cuillerées à soupe de crème
fraîche
1 cuillerée à café d'extrait
de vanille
1 pincée de sel

Ganache au chocolat

10 cl de crème entière
100 g de chocolat noir

Préparation, 30 minutes - Réfrigération, 2 heures - Cuisson, 15 minutes - Repos, 2 heures

Préparez la pâte sablée ; placez-la 1 heure au réfrigérateur. Préchauffez le four à 180 °C. Étalez la pâte dans un moule à tarte de 24 cm. Couvrez de papier sulfurisé et de haricots secs. Faites cuire 15 minutes à blanc. Laissez refroidir. Pour le caramel, faites chauffer l'eau, le sucre et le miel dans une casserole sur feu moyen-vif pendant 10 minutes jusqu'à l'obtention d'un caramel ambre foncé. Ajoutez le beurre, la crème entière, la crème fraîche, la vanille et le sel, puis mélangez. Versez le caramel sur le fond de tarte. Laissez prendre 1 heure au frais. Pour la ganache, portez la crème à ébullition. Versez-la sur le chocolat. Remuez jusqu'à ce que le mélange soit lisse. Étalez la ganache sur la couche de caramel. Laissez reposer la tarte 2 heures à température ambiante avant de servir.

pour 8 personnes

Pâte sablée

1 pâte sablée nature
(page 63)

Garniture

150 g de chocolat noir haché
50 g de beurre à température ambiante
50 g de sucre
4 jaunes d'œufs
30 g de Maïzena®
50g d'amandes effilées, grillées

Meringue

3 blancs d'œufs
100 g de sucre
1 pincée de sel
30 g d'amandes effilées, grillées

Tarte meringuée chocolat-amandes

Préparation, 1 heure - Réfrigération, 1 heure - Cuisson, 40 minutes

Préparez la pâte sablée ; placez-la 1 heure au frais. Préchauffez le four à 180 °C. Étalez la pâte dans un moule à tarte de 26 cm de diamètre. Couvrez de papier sulfurisé et de haricots secs. Faites cuire 15 minutes à blanc ; laissez refroidir. Faites fondre le chocolat au bain-marie ; laissez refroidir. Battez ensemble le beurre et le sucre. Ajoutez les jaunes d'œufs un à un, puis la Maïzena®. Incorporez le chocolat fondu et les amandes. Versez cette garniture sur le fond de tarte. Enfournez et faites cuire 10 minutes.
Dans un saladier, montez les blancs d'œufs en neige avec le sucre et le sel. Étalez la meringue sur la couche de chocolat. Enfournez et faites cuire 15 minutes pour que la meringue soit dorée. Décorez d'amandes effilées.

pour 8 personnes

Gâteau aux 3 chocolats

Gâteau au chocolat noir

200 g de chocolat noir
90 g de beurre
4 œufs, blancs et jaunes séparés
40 g de sucre

Mousse au chocolat au lait

200 g de chocolat au lait
20 g de cacao en poudre
30 cl de crème fleurette

Mousse au chocolat blanc

2 feuilles de gélatine
180 g de chocolat blanc
20 cl de crème fleurette
2 cuillerées à soupe de sucre glace

Préparation, 1 heure - Cuisson, 15 minutes - Réfrigération, 4 heures

Préchauffez le four à 160 °C. Beurrez un moule à charnière de 26 cm de diamètre. Faites fondre ensemble le chocolat noir et le beurre ; laissez refroidir. Ajoutez les jaunes d'œufs et mélangez. Dans un saladier, montez les blancs d'œufs en neige en ajoutant le sucre, petit à petit. Incorporez-les délicatement dans le mélange au chocolat. Versez le tout dans le moule. Enfournez et faites cuire 15 minutes. Laissez refroidir.

Pour la mousse au chocolat au lait, faites fondre le chocolat au bain-marie. Mélangez le cacao dans 4 cuillerées à soupe d'eau bouillante. Montez la crème en chantilly ferme au batteur. Ajoutez le chocolat et le cacao ; mélangez. Étalez la mousse sur le gâteau. Mettez au moins 2 heures au frais.

Pour la mousse au chocolat blanc, faites tremper la gélatine 5 minutes dans 2 cuillerées à soupe d'eau froide. Faites fondre le chocolat blanc au bain-marie. Ajoutez la gélatine et mélangez bien. Montez la crème en chantilly avec le sucre glace au batteur. Incorporez-la délicatement au chocolat. Versez sur la mousse au chocolat au lait. Mettez au moins 2 heures au frais. Démoulez au dernier moment.

Les sujets

Des œufs de poule...

L'œuf de Pâques est un symbole chrétien de la fête. À l'origine, pour fêter le début du printemps, la tradition consistait à colorer et à échanger les œufs de poule cuits. Aujourd'hui, les œufs sont fabriqués en sucre ou en chocolat et sont échangés le dimanche matin de Pâques.

... aux œufs en chocolat

Avant le XIXe siècle, le chocolat était consommé uniquement sous forme de boisson. Au début du XIXe siècle, on voit s'installer une autre tradition : les coquilles d'œufs sont vidées et remplies de chocolat. Les techniques de modelage du chocolat, initiées par les frères Fry, ont permis de fabriquer les œufs de Pâques en chocolat dans un esprit d'innovation, à la fois sculptural et fantastique. Les sujets se sont ensuite diversifiés et les moulages en forme d'animaux sont apparus.

Les œufs

Pour 12 œufs - Préparation, 1 heure - Réfrigération, 4 heures

Ingrédients

12 œufs
1 cuillerée à soupe de vinaigre blanc
1,3 kg de chocolat noir haché

À l'aide d'une aiguille, percez le bas d'une coquille d'œuf. Mettez la pointe d'un couteau dans le trou et tournez délicatement pour l'agrandir à 1 cm de diamètre. Enfoncez l'aiguille dans l'œuf pour brouiller l'intérieur. Soufflez dans le trou de l'œuf plusieurs fois, secouez et videz l'intérieur dans un saladier. Videz ainsi 12 œufs. Mettez les coquilles dans une casserole d'eau froide additionnée de vinaigre ; portez à ébullition. Égouttez et laissez sécher. Mettez les coquilles d'œufs à l'envers dans leur boîte en carton. Faites fondre le chocolat au bain-marie. Versez-le dans une poche munie d'une douille de 4 mm de diamètre. Remplissez les coquilles d'œufs de chocolat fondu. Laissez prendre au moins 4 heures au frais.

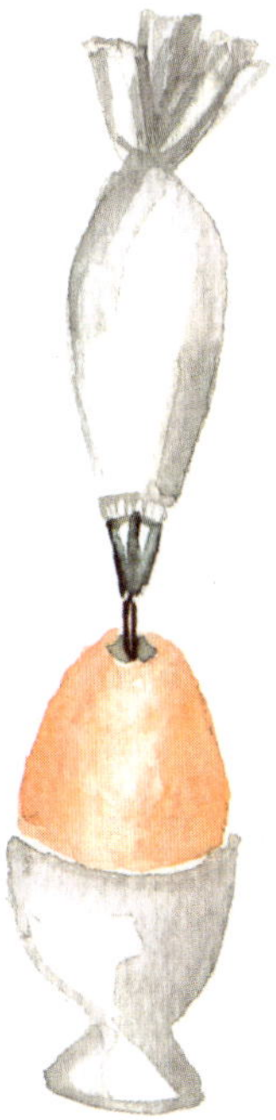

pour 12 muffins

Muffins au chocolat

Ingrédients

220 g de farine
2 cuillerées à café de levure
½ cuillerée à café de bicarbonate de soude
30 g de cacao en poudre
¼ de cuillerée à café de sel
20 cl de lait
7,5 cl d'huile de colza
50 g de sucre
1 œuf
130 g de pépites de chocolat

Préparation, 15 minutes - Cuisson, 20 minutes

Préchauffez le four à 170 °C. Dans un grand saladier, tamisez ensemble la farine, la levure, le bicarbonate de soude, le cacao et le sel. Dans un autre saladier, mélangez le lait, l'huile, le sucre et l'œuf. Incorporez les ingrédients liquides aux ingrédients secs ; battez jusqu'à l'obtention d'une pâte homogène, puis ajoutez les pépites de chocolat. Versez la pâte dans 12 moules à muffin. Enfournez et faites cuire 20 minutes. Vérifiez la cuisson en piquant les gâteaux avec la lame d'un couteau : elle doit ressortir propre.

pour 24 cupcakes

Cupcakes au chocolat

Préparation, 20 minutes - Cuisson, 20 minutes

Préchauffez le four à 170 °C. Fouettez le cacao dans 15 cl d'eau bouillante. Tamisez ensemble la farine, la levure, le bicarbonate de soude et le sel. Dans un saladier, battez les œufs et le sucre en un mélange mousseux. Ajoutez le beurre fondu et l'extrait de vanille. Mélangez puis versez la farine en pluie. Incorporez le cacao puis la crème fraîche. Mélangez de nouveau. Répartissez la préparation dans 24 moules à muffin. Enfournez et faites cuire 20 minutes. Vérifiez la cuisson avec la lame d'un couteau. Laissez refroidir. Préparez la crème au beurre au chocolat comme indiqué page 62. Garnissez-en le dessus des cupcakes et décorez de vermicelles.

Ingrédients

60 g de cacao en poudre
360 g de farine
1 cuillerée à café de levure
1 cuillerée à café de bicarbonate de soude
1 cuillerée à café de sel
4 œufs
210 g de sucre
340 g de beurre fondu
1 cuillerée à café d'extrait de vanille
250 g de crème fraîche
1 portion de crème au beurre au chocolat (page 62)
vermicelles au chocolat

pour
18
madeleines

Madeleines au cacao

Ingrédients

3 œufs
100 g de beurre fondu
80 g de sucre
20 g de miel
1 cuillerée à café d'extrait de vanille
100 g de farine
30 g de cacao en poudre
1 cuillerée à café de levure

Préparation, 10 minutes - Cuisson, 10 à 12 minutes

Préchauffez le four à 180 °C. Dans un saladier, battez ensemble les œufs, le beurre fondu, le sucre, le miel et la vanille. Tamisez ensemble la farine, le cacao et la levure. Petit à petit, incorporez le mélange à la farine dans le mélange aux œufs. Beurrez et farinez les moules à madeleine ; remplissez-les de pâte. Enfournez et faites cuire 10 à 12 minutes.

Mon conseil

Ajoutez 50 g de pépites de chocolat dans la pâte pour des madeleines très chocolatées.

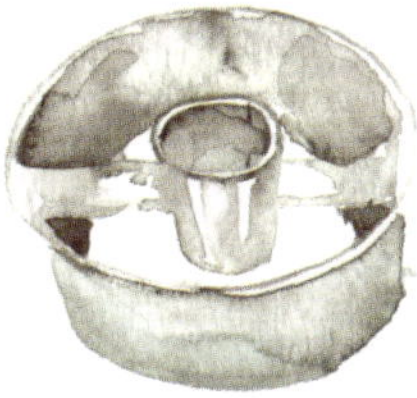

pour 20 donuts

Donuts au chocolat

Ingrédients

55 g de chocolat noir
30 g de beurre
2 œufs
150 g de sucre
200 g de purée de pommes de terre
13 cl de lait
450 g de farine
6 cuillerées à café de levure
1 cuillerée à café de sel
1 litre d'huile de friture
sucre glace

Préparation, 15 minutes - Réfrigération, 1 heure - Cuisson, 3 à 4 minutes

Faites fondre le chocolat et le beurre au bain-marie. Battez les œufs et le sucre en un mélange mousseux. Ajoutez le chocolat, la purée de pommes de terre, le lait, la farine, la levure et le sel ; mélangez. Si la pâte est trop collante, ajoutez un peu de farine. Couvrez de film alimentaire et mettez 1 heure au frais. Faites chauffer l'huile de friture à 190 °C. Étalez la pâte sur 1 cm d'épaisseur avec un rouleau à pâtisserie. Découpez des donuts dans la pâte à l'aide d'un emporte-pièce à donut. Faites frire 1 à 2 minutes de chaque côté. Laissez refroidir sur du papier absorbant. Saupoudrez de sucre glace avant de servir.

Mon conseil

Trempez les donuts dans de la ganache au chocolat (voir recette page 62) et décorez de vermicelles multicolores.

pour
6
éclairs

Éclairs au chocolat

Pâte à choux

12,5 cl d'eau
1 cuillerée à café de sucre
55 g de beurre
70 g de farine
3 œufs

Crème pâtissière au chocolat

50 cl de lait entier
80 g de chocolat noir
6 jaunes d'œufs
100 g de sucre
50 g de Maïzena®
50 g de beurre

Ganache au chocolat

110 g de chocolat noir
10 cl de crème fleurette

Préparation, 45 minutes - Cuisson, 20 minutes

Pour la crème pâtissière au chocolat, portez le lait à ébullition. Faites fondre le chocolat au bain-marie. Mélangez les jaunes d'œufs, le sucre et la Maïzena®. Versez le lait petit à petit dans le mélange précédent. Ajoutez le chocolat fondu et le beurre. Versez dans une casserole et mettez sur feu vif. Faites cuire et fouettez jusqu'à l'obtention d'une crème épaisse. Versez dans un saladier et couvrez de film alimentaire. Laissez refroidir.

Préchauffez le four à 180 °C. Dans une casserole, faites chauffer l'eau, le sucre et le beurre. Incorporez la farine petit à petit à l'aide d'un fouet. Ajoutez les œufs et fouettez jusqu'à l'obtention d'une pâte homogène. Versez dans une poche munie d'une douille dentelée de 8 mm de diamètre. Pochez les éclairs de 10 cm de long sur une plaque recouverte de papier sulfurisé. Enfournez et faites cuire 20 minutes. Laissez refroidir. Versez la crème pâtissière dans une poche à douille. Faites des entailles latérales sur les choux et remplissez-les de crème. Préparez la ganache au chocolat comme indiqué page 62 en faisant fondre le chocolat et la crème au bain-marie. Plongez le haut des éclairs dans la ganache.

pour
6
personnes

Profiteroles

Pâte à choux

12,5 cl d'eau
1 cuillerée à café de sucre
55 g de beurre
70 g de farine
3 œufs

Sauce au chocolat

250 g de chocolat noir
20 cl de lait entier

½ litre de glace à la vanille

Préparation, 45 minutes - Cuisson, 20 minutes

Préchauffez le four à 180 °C. Dans une casserole, faites chauffer ensemble l'eau, le sucre et le beurre. Incorporez la farine petit à petit à l'aide d'un fouet. Desséchez la pâte en mélangeant pendant 1 minute à feu doux. Ajoutez les œufs hors du feu et fouettez jusqu'à l'obtention d'une pâte homogène. Beurrez une plaque de four. Disposez de grosses noix de pâte à l'aide de 2 cuillères. Enfournez et faites cuire 20 minutes. Laissez refroidir.
Pour la sauce, faites fondre le chocolat dans le lait. Faites des entailles latérales sur les choux et remplissez-les de glace. Nappez de sauce au chocolat bien chaude.

pour
24
cookies

Chocolate chip cookies

Ingrédients

485 g de farine
1 ¼ de cuillerée à café de levure
1 ¼ de cuillerée à café de bicarbonate de soude
1 cuillerée à café de sel
280 g de beurre à température ambiante
200 g de sucre vergeoise
100 g de sucre
2 œufs
250g de pépites de chocolat

Préparation, 15 minutes - Réfrigération, 2 heures - Cuisson, 18 minutes

Tamisez ensemble la farine, la levure, le bicarbonate de soude et le sel. Dans un grand saladier, battez le beurre avec la vergeoise et le sucre 5 minutes afin d'obtenir un mélange mousseux. Ajoutez les œufs puis la farine. Battez jusqu'à l'obtention d'une pâte homogène. Incorporez les pépites de chocolat délicatement. Couvrez de film alimentaire. Mettez la pâte au moins 2 heures au frais.
Préchauffez le four à 175 °C. Formez 24 boules de 3 cm avec la pâte. Déposez-les sur une plaque recouverte de papier sulfurisé. Enfournez et faites cuire 18 minutes.

Mon conseil

Les boules de pâte resteront bien sages au congélateur pendant quelques mois. Préchauffez le four à 175 °C. Mettez les boules de pâte congelées sur une plaque de four et faites cuire 18 minutes.

pour
24
cookies

Triple chocolate cookies

Ingrédients

80 g de beurre
230 g de chocolat noir
100 g de farine
½ cuillerée à café de levure
¼ de cuillerée à café de sel
2 œufs
100 g de sucre vergeoise
1 cuillerée à café d'extrait de vanille
100 g de chocolat blanc, coupé en morceaux
100 g de chocolat au lait, coupé en morceaux

Préparation, 20 minutes - Cuisson, 12 à 15 minutes

Préchauffez le four à 180 °C. Faites fondre le beurre et le chocolat noir au bain-marie. Tamisez ensemble la farine, la levure et le sel. Dans un saladier, battez les œufs, le sucre vergeoise et la vanille afin d'obtenir un mélange mousseux. Ajoutez le chocolat fondu puis la farine ; mélangez. Incorporez délicatement les morceaux de chocolat blanc et au lait. Mettez des cuillerées bombées de pâte sur une plaque recouverte de papier sulfurisé. Enfournez et faites cuire 12 à 15 minutes.

Mon conseil

Pour une touche croustillante, ajoutez 100 g de cerneaux de noix, de noix de pécan ou de pistaches dans la pâte.

pour 24 cookies

Cookies chocolat blanc macadamia

Ingrédients

485 g de farine
1 ¼ de cuillerée à café de levure
1 ¼ de cuillerée à café de bicarbonate de soude
1 cuillerée à café de sel
280 g de beurre à température ambiante
150 g de sucre vergeoise
100 g de sucre
2 œufs
1 cuillerée à soupe d'extrait de vanille
250g de chocolat blanc, coupé en morceaux
100 g de noix de macadamia, coupées en morceaux

Préparation, 15 minutes - Réfrigération, 2 heures - Cuisson, 18 minutes

Dans un saladier, tamisez ensemble la farine, la levure, le bicarbonate de soude et le sel. Dans un autre saladier, battez le beurre, le sucre vergeoise et le sucre 3 à 4 minutes afin d'obtenir un mélange mousseux. Ajoutez les œufs puis la farine et l'extrait de vanille. Battez jusqu'à l'obtention d'une pâte homogène. Ajoutez les morceaux de chocolat blanc et de noix de macadamia ; mélangez. Couvrez la pâte et mettez au moins 2 heures au frais. Préchauffez le four à 175 °C. Formez 24 boules de pâte de 3 cm. Déposez-les sur une plaque recouverte de papier sulfurisé. Faites cuire 18 minutes au four.

Mon conseil

Pour une touche colorée, ajoutez 50 g de cranberries séchées à la pâte.

pour
48
cookies

Cookies craquelés

Ingrédients

210 g de chocolat noir
160 g de farine
35 g de cacao
2 cuillerées à café de levure
1 pincée de sel
115 g de beurre à température ambiante
100 g de cassonade
2 œufs
70cl de lait
1 cuillerée à café d'extrait de vanille
100 g de poudre de noisettes
100 g de sucre glace

Préparation, 20 minutes - Réfrigération, 2 heures - Cuisson, 12 à 15 minutes par fournée

Faites fondre le chocolat au bain-marie. Dans un saladier, tamisez ensemble la farine, le cacao, la levure et le sel. Dans un autre saladier, battez le beurre et la cassonade 4 minutes jusqu'à l'obtention d'un mélange mousseux. Ajoutez les œufs et mélangez. Incorporez petit à petit le mélange à la farine, puis le chocolat fondu, le lait, l'extrait de vanille et la poudre de noisettes. Couvrez la préparation de film alimentaire puis mettez au moins 2 heures au frais. Préchauffez le four à 180 °C. Mettez le sucre glace sur une grande assiette. Formez 48 boules de pâte de 3 cm de diamètre. Roulez-les dans le sucre glace pour qu'elles en soient complètement recouvertes. Déposez 8 boules sur une plaque chemisée de papier sulfurisé. Faites cuire 12 à 15 minutes. Répétez l'opération jusqu'à ce que tous les cookies soient cuits.

pour 12 cookies

Oreo®

Ingrédients

130 g de farine
90 g de cacao
1 cuillerée à café de bicarbonate de soude
¼ de cuillerée à café de levure
¼ de cuillerée à café de sel
140 g de beurre à température ambiante
150 g + 20 g de sucre
1 œuf

Glaçage

150 g de beurre à température ambiante
250 g de sucre glace
1 cuillerée à café d'extrait de vanille

Préparation, 20 minutes - Cuisson, 12 minutes

Préchauffez le four à 160 °C. Tamisez ensemble la farine, le cacao, le bicarbonate de soude, la levure et le sel. Dans un saladier, battez le beurre et 150 g de sucre 2 minutes afin d'obtenir un mélange mousseux. Ajoutez l'œuf et la farine puis mélangez jusqu'à l'obtention d'une pâte homogène. Formez 24 à 30 boules de 2 cm de diamètre et mettez-les sur une plaque. Appuyez la base d'un verre dans les 20 g de sucre restant puis aplatissez les boules de pâte à l'aide de ce verre. Enfournez et faites cuire les cookies 12 minutes. Laissez refroidir.

Pour le glaçage, battez le beurre 1 minute. Ajoutez le sucre glace et l'extrait de vanille petit à petit, et battez 2 minutes jusqu'à obtenir un mélange mousseux. Versez le glaçage dans une poche à douille. Disposez 1 cuillerée à soupe de glaçage sur la moitié de chaque cookie. Couvrez avec les cookies restants.

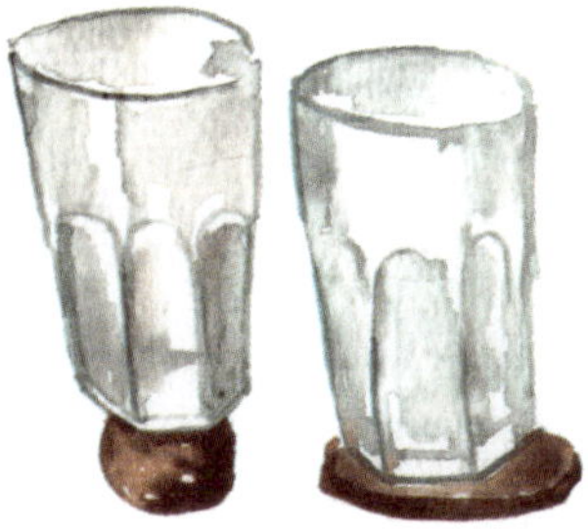

pour
15
sablés

Sablés chocolat-orange

Ingrédients

150 g de beurre à température ambiante
180 g de farine
40 g de cacao en poudre
1 cuillerée à café de levure
¼ de cuillerée à café de sel
5 jaunes d'œufs
160 g de sucre
1 cuillerée à café de zeste d'orange

Préparation, 30 minutes - Réfrigération, 2 heures - Cuisson, 20 minutes

Battez le beurre 2 minutes. Tamisez ensemble la farine, le cacao, la levure et le sel. À l'aide d'un fouet, faites blanchir les jaunes d'œufs avec le sucre. Ajoutez le beurre puis incorporez le mélange de farine et les zestes d'orange. Étalez la pâte sur 4 mm d'épaisseur entre 2 feuilles de papier sulfurisé. Mettez la pâte au moins 2 heures au frais. Préchauffez le four à 150 °C. Détaillez 15 à 20 disques de 4 cm de diamètre dans la pâte. Déposez les disques sur une plaque recouverte de papier sulfurisé. Enfournez et faites cuire 20 minutes.

Mousse au chocolat noir

Ingrédients

250 g de chocolat noir haché
120 g de beurre
6 œufs, blancs et jaunes séparés
1 pincée de sel

Pour 8 personnes - Préparation, 15 minutes - Réfrigération, 3 heures

Faites fondre le chocolat et le beurre au bain-marie. Laissez refroidir 10 minutes. Ajoutez les jaunes d'œufs dans le chocolat et mélangez. Montez les blancs d'œufs en neige avec le sel. Incorporez délicatement les blancs dans le chocolat à l'aide d'une maryse. Versez dans 8 ramequins ou un saladier. Couvrez de film alimentaire et mettez au moins 3 heures au frais.

Mousse au chocolat blanc

Ingrédients

180 g de chocolat blanc haché
20 cl de crème fleurette
1 cuillerée à café d'extrait de vanille
1 pincée de sel

Pour 8 personnes - Préparation, 15 minutes - Réfrigération, 24 heures

Mettez un saladier métallique au moins 1 heure au frais. Faites fondre le chocolat blanc au bain-marie. Laissez refroidir 10 minutes. Versez la crème dans le saladier froid et montez-la en chantilly ferme. Incorporez la crème délicatement dans le chocolat à l'aide d'une maryse. Ajoutez la vanille et le sel. Versez dans 8 ramequins ou un saladier. Couvrez de film alimentaire et mettez au moins 24 heures au frais.

MOUSSES AU CHOCOLAT

Mousse au chocolat au lait

Pour 8 personnes - Préparation, 15 minutes - Réfrigération, 3 heures

Ingrédients

250 g de chocolat au lait haché
120 g de beurre
6 œufs, blancs et jaunes séparés
1 pincée de sel
1 cuillerée à café d'extrait de vanille

Faites fondre le chocolat au lait et le beurre au bain-marie. Laissez refroidir 10 minutes. Incorporez les jaunes d'œufs dans le chocolat. Montez les blancs d'œufs en neige avec le sel. Incorporez délicatement les blancs dans la préparation au chocolat à l'aide d'une maryse. Versez dans 8 ramequins ou un saladier. Couvrez de film alimentaire et mettez au moins 3 heures au frais.

Mousse 100 % chocolat

Pour 4 personnes - Préparation, 15 minutes - Réfrigération, 2 heures

Ingrédients

300 g de chocolat noir haché de bonne qualité
20 cl d'eau

Remplissez un grand saladier à moitié d'eau glacée. Mettez un petit saladier dedans pour faire un bain-marie glacé. Faites fondre le chocolat au bain-marie dans 20 cl d'eau. Versez le mélange dans le petit saladier. Fouettez le chocolat au batteur jusqu'à ce qu'il soit mousseux et aéré, 3 à 5 minutes. Versez la mousse dans 4 ramequins ou un saladier et mettez au moins 2 heures au frais.

pour
8
personnes

Pots de crème chocolat au lait

Ingrédients

250 g de chocolat au lait
30 cl de lait entier
20 cl de crème entière
6 jaunes d'œufs
20 g de sucre
1 pincée de sel

Préparation, 10 minutes - Cuisson, 5 minutes - Réfrigération, 2 heures

Mettez le chocolat au lait dans le bol d'un blender. Faites chauffer le lait, la crème, les jaunes d'œufs, le sucre et le sel dans une casserole sur feu moyen 5 minutes, en remuant, jusqu'à ce que le mélange soit chaud et épais. Versez la crème chaude sur le chocolat et mélangez au blender jusqu'à l'obtention d'une texture bien lisse. Répartissez la crème dans 6 à 8 ramequins. Mettez au moins 2 heures au frais.

Mon conseil

Pour une variante épicée, ajoutez 1 bâton de cannelle, 1 cuillerée à café d'extrait de vanille et 1 pincée de piment de Cayenne au mélange à base de lait.

pour 4 personnes

Crème dessert

Ingrédients

100 g de sucre
30 g de Maïzena®
45 g de cacao en poudre
¼ de cuillerée à café de sel
60 cl de lait entier
4 jaunes d'œufs
30 g de beurre
1 cuillerée à café d'extrait de vanille

Préparation, 20 minutes - Cuisson, 15 minutes - Réfrigération, 3 heures

Mélangez le sucre, la Maïzena®, le cacao et le sel dans une casserole. Petit à petit, incorporez le lait à l'aide d'un fouet. Ajoutez les jaunes d'œufs et mélangez. Mettez la casserole sur feu moyen. Fouettez la préparation jusqu'à ce qu'elle soit frémissante, puis faites cuire encore 1 minute. Passez la crème au chinois. Ajoutez le beurre et la vanille ; mélangez. Filmez au contact et mettez au moins 3 heures au frais.

pour
4
panna cotta

Panna cotta chocolat noir et blanc

Ingrédients

40 g de chocolat blanc
40 g de chocolat noir
2 feuilles de gélatine
30 cl de crème fleurette
40 g de sucre
10 cl de lait entier
1 cuillerée à café d'extrait de vanille

Préparation, 25 minutes - Congélation, 1 heure - Réfrigération, 2 heures

Mettez 4 ramequins au congélateur. Faites ramollir 1 feuille de gélatine dans 2 cuillerées à soupe d'eau froide. Faites frémir 15 cl de crème et 20 g de sucre dans une casserole sur feu moyen. Ajoutez le chocolat blanc et mélangez. Versez sur la gélatine et remuez. Ajoutez 5 cl de lait et l'extrait de vanille ; mélangez. Répartissez dans les ramequins. Mettez 1 heure au congélateur. Répétez l'opération avec le chocolat noir. Dans un saladier, faites ramollir 1 feuille de gélatine dans 2 cuillerées à soupe d'eau froide. Faites frémir 15 cl de crème et 20 g de sucre dans une casserole sur feu moyen. Ajoutez le chocolat noir et mélangez. Versez sur la gélatine et remuez. Ajoutez 5 cl de lait et mélangez. Versez la préparation dans les ramequins sur le chocolat blanc. Mettez au moins 2 heures au frais avant de servir.

Mon conseil

Pour démouler les panna cotta facilement, mettez les ramequins dans un saladier rempli d'eau chaude pendant 10 secondes.

pour
4
personnes

Crème brûlée

Ingrédients

40 cl de crème entière
30 g de sucre
1 bâton de cannelle
2 pincées de noix de muscade
1 pincée de piment de Cayenne
1 pincée de sel
85 g de chocolat noir
5 jaunes d'œufs
60 g de cassonade

Préparation, 20 minutes - Cuisson, 1 heure à 1 h 10

Préchauffez le four à 120 °C. Portez la crème et le sucre à ébullition avec la cannelle, la noix de muscade, le piment de Cayenne et le sel. Ajoutez le chocolat et laissez fondre jusqu'à frémissement, en remuant sans cesse. Dans un saladier, fouettez les jaunes d'œufs pour qu'ils blanchissent. Versez le mélange au chocolat sur les jaunes d'œufs, puis mélangez. Versez la crème dans 4 ramequins à crème brûlée de 14 cm de diamètre. Enfournez et faites cuire au bain-marie 1 heure à 1 h 10. Laissez refroidir. Au moment de servir, préchauffez le gril du four. Saupoudrez les crèmes de cassonade. Passez-les sous le gril 1 à 3 minutes pour caraméliser.

Mon conseil

Si vous n'avez pas de bâton de cannelle, vous pouvez le remplacer par ½ cuillerée à café de cannelle moulue.

pour
6
personnes

Riz au lait

Ingrédients

25 g de cacao en poudre
70 g de sucre
1 pincée de sel
1 litre de lait
200 g de riz rond
55 g de chocolat noir
10 g de beurre
1 cuillerée à café d'extrait de vanille

Préparation, 15 minutes - Cuisson, 30 minutes - Réfrigération, 2 heures

Mélangez le cacao, le sucre, le sel et le lait dans une casserole sur feu moyen. Faites chauffer jusqu'à frémissement. Ajoutez le riz et mélangez. Faites cuire 30 minutes jusqu'à ce que le riz soit tendre. Ajoutez le chocolat, le beurre et l'extrait de vanille. Mettez dans un bol puis couvrez la surface de film alimentaire. Mettez au moins 2 heures au frais.

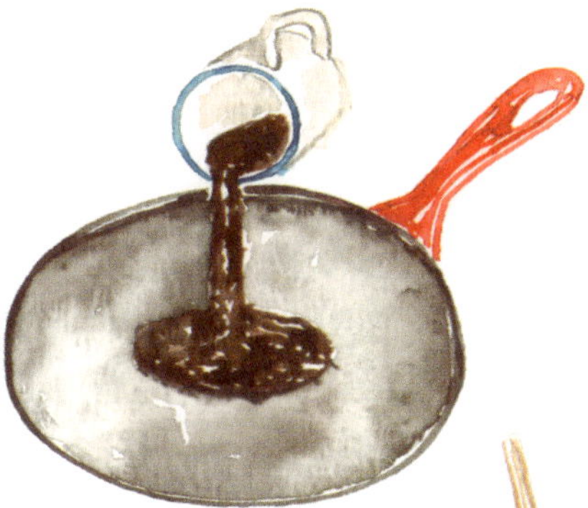

pour
12
personnes

Gâteau de crêpes choco-noisettes

Crêpes

5 cl d'eau
170 g de beurre + 50 g pour la poêle
225 g de chocolat noir haché
50 cl de lait entier
6 œufs
50 g de sucre
190 g de farine

Crème

40 cl de crème fleurette
350 g de pâte à tartiner praliné - chocolat blanc (page 59)
50 g de noisettes grillées

Préparation, 1 h 30 - Cuisson, 30 minutes - Réfrigération, 2 heures

Faites bouillir ensemble l'eau et 170 g de beurre. Ajoutez le chocolat et remuez jusqu'à ce qu'il soit fondu. Dans un saladier, mélangez ensemble le mélange au chocolat, le lait, les œufs, le sucre et la farine jusqu'à l'obtention d'un mélange homogène. Couvrez de film alimentaire et mettez au frais au moins 2 heures. Chauffez une poêle sur feu moyen-vif. Beurrez légèrement. Faites cuire les crêpes. Laissez-les refroidir. Montez la crème en chantilly ferme puis ajoutez la tartinade. Mettez une crêpe sur l'assiette de service. Étalez dessus 3 cuillerées à soupe de crème. Couvrez avec une autre crêpe et répétez l'opération. Garnissez le haut du gâteau d'une couche de crème puis de noisettes grillées. Réservez au frais.

Mon conseil

Pour une variante très chocolatée, remplacez la tartinade praliné-chocolat blanc par du Nutella®.

pour 4 personnes

Glace au chocolat

Ingrédients

40 cl de crème entière
20 cl de lait entier
80 g de sucre
1 pincée de sel
225 g de chocolat noir haché
1 cuillerée à soupe de rhum

Préparation, 20 minutes - Cuisson, 5 minutes - Congélation, 2 heures

Portez à frémissement la crème, le lait, le sucre et le sel dans une casserole sur feu moyen. Mettez le chocolat dans un bol et couvrez de crème chaude. Ajoutez le rhum et remuez pour lisser le mélange. Laissez refroidir. Turbinez puis placez au congélateur au moins 2 heures.

pour
6
personnes

Sundae dame blanche

Ingrédients

20 cl de crème fleurette bien froide
2 cuillerées à soupe de sucre glace
1 litre de glace à la vanille
6 meringues (chez le boulanger)
1 cuillerée à café d'extrait de vanille
60 g d'amandes effilées

Sauce au chocolat

150 g de chocolat noir haché
10 cl de crème fleurette
50 g de beurre

Préparation : 10 minutes

Faites griller les amandes sur une plaque pendant 10 minutes. Faites fondre le chocolat, la crème et le beurre au bain-marie jusqu'à l'obtention d'un mélange bien lisse. Montez la crème froide en chantilly avec le sucre glace et l'extrait de vanille. Dressez 2 boules de glace à la vanille dans chaque coupe. Ajoutez les meringues coupées en morceaux, la sauce au chocolat et la Chantilly. Parsemez d'amandes.

pour
2
pots

Pâte à tartiner choco-noisettes

Ingrédients

200 g de noisettes
37,5 cl de lait entier
70 g de lait en poudre entier
300 g de chocolat noir
1 pincée de sel

Préparation, 45 minutes - Réfrigération, 2 heures

Préchauffez le four à 180 °C. Versez les noisettes sur une plaque et passez-les 10 minutes au four. Mettez-les dans un torchon et écrasez-les avec un rouleau à pâtisserie. Enlevez le maximum de peaux. Faites bouillir le lait et le lait en poudre dans une casserole. Faites fondre le chocolat au bain-marie. Mettez les noisettes dans le bol d'un robot et réduisez-les en poudre. Versez le chocolat sur les noisettes puis le lait. Mélangez jusqu'à l'obtention d'une crème lisse. Pour une tartinade bien lisse, passez le mélange au chinois. Versez dans 2 pots. Mettez au moins 2 heures au frais.

pour
4
personnes

Chocolat chaud

Ingrédients
250 g de chocolat noir haché
1 litre de lait entier à température ambiante
15 cl de crème entière

Préparation, 5 minutes - Cuisson, 10 minutes
Faites fondre le chocolat au bain-marie. Ajoutez le lait et la crème. Battez au fouet et faites bouillir 2 minutes. Passez au chinois et servez chaud.

Mon conseil
Servez avec de la crème Chantilly ou à l'américaine avec un marshmallow dedans.

pour
2
pots

Pâte à tartiner praliné-chocolat blanc

Ingrédients

100 g de sucre
75 g d'amandes
75 g de noisettes
350 g de chocolat blanc
37,5 cl de lait entier
70 g de lait en poudre entier

Préparation, 1 heure - Réfrigération, 2 heures

Mettez le sucre, les amandes et les noisettes dans une casserole sur feu moyen. Faites chauffer jusqu'à ce que les amandes et les noisettes soient couvertes d'un caramel ambré. Versez sur du papier sulfurisé et laissez refroidir. Mettez dans le bol d'un robot et réduisez en poudre.
Faites fondre le chocolat blanc au bain-marie. Faites bouillir ensemble le lait et le lait en poudre. Versez le chocolat fondu dans le robot sur les amandes et les noisettes puis mélangez bien. Ajoutez le lait et mélangez. Pour une tartinade bien lisse, passez le mélange au chinois. Mettez dans 2 pots et placez au moins 2 heures au frais.

pour
2
smoothies

Smoothie banane-choco-coco

Ingrédients

50 g d'amandes
2 bananes
4 dattes dénoyautées
1 cuillerée à soupe de cacao en poudre
40 cl d'eau de coco

Préparation, 5 minutes - Trempage, 10 minutes

Couvrez les amandes d'eau et laissez tremper au moins 10 minutes. Mettez les amandes, les bananes, les dattes, le cacao et l'eau de coco dans le bol d'un blender. Mélangez jusqu'à l'obtention d'un smoothie bien lisse.

Ganache

Ingrédients
110 g de chocolat noir
10 cl de crème fleurette

Pour 210 g - Préparation, 5 minutes

Faites fondre ensemble le chocolat et la crème au bain-marie. Lissez bien le mélange.

Crème au beurre au chocolat

Ingrédients
250 g de chocolat noir coupé en morceaux
340 g de beurre doux à température ambiante
2 cuillerées à soupe de lait
1 cuillerée à café d'extrait de vanille
250 g de sucre glace

Pour 24 cupcakes ou 1 gâteau de 22 cm
Préparation, 15 minutes

Faites fondre le chocolat au bain-marie. Laissez refroidir 10 minutes. Dans un grand saladier, battez le beurre 3 minutes jusqu'à ce qu'il soit mousseux. Ajoutez le chocolat, le lait et la vanille. Battez encore 4 minutes. Ajoutez le sucre glace, petit à petit. Battez jusqu'à l'obtention d'un glaçage très crémeux.

Chantilly au chocolat

Ingrédients
20 cl de crème fleurette bien froide
2 cuillerées à soupe de sucre glace
1 cuillerée à soupe de cacao en poudre

Pour 200 g - Préparation, 10 minutes

Mettez un bol et le fouet du batteur au congélateur pendant 10 minutes. Tamisez ensemble le sucre glace et le cacao. Versez la crème dans le bol. Montez doucement la crème en chantilly, en augmentant la vitesse chaque minute. Ajoutez le mélange sucre glace-cacao, petit à petit. Fouettez jusqu'à l'obtention d'une chantilly onctueuse.

Pâte sablée au chocolat

Pour 1 tarte - Préparation, 10 minutes - Réfrigération, 1 heure

Ingrédients

180 g de farine
25 g de cacao en poudre
50 g de sucre glace
1 pincée de sel
115 g de beurre froid
1 jaune d'œuf battu

Dans un grand saladier, mélangez la farine, le cacao, le sucre glace et le sel. Ajoutez le beurre et incorporez-le du bout des doigts. Ajoutez le jaune d'œuf. Malaxez jusqu'à l'obtention d'une pâte homogène. Ajoutez un peu d'eau si la pâte est trop sèche. Formez une boule et enveloppez-la de film alimentaire. Mettez au moins 1 heure au frais.

Pâte aux Oreo®

Pour 1 tarte - Préparation, 5 minutes - Cuisson, 15 minutes

Ingrédients

200 g de biscuits Oreo®
80 g de beurre fondu
1 pincée de sel

Préchauffez le four à 175 °C. Mixez les Oreo®, le beurre fondu et le sel jusqu'à ce que la préparation ressemble à du sable mouillé. Pressez la préparation sur le fond du moule (26 cm de diamètre). Enfournez et faites cuire 15 minutes pour qu'elle soit croustillante. Laissez refroidir.

Pâte sablée nature

Pour 1 tarte - Préparation, 5 minutes - Réfrigération, 1 heure

Ingrédients

230 g de farine
90 g de sucre glace
1 pincée de sel
130 g de beurre
1 œuf battu

Dans un grand saladier, mélangez la farine, le sucre glace et le sel. Ajoutez le beurre en morceaux et travaillez le mélange du bout des doigts. Ajoutez l'œuf. Incorporez les ingrédients jusqu'à l'obtention d'une pâte homogène. Ajoutez un peu d'eau si la pâte est trop sèche. Formez une boule et enveloppez-la de film alimentaire. Mettez au moins 1 heure au frais.

Table des recettes

Dépôt légal : septembre 2015
8836806
ISBN : 978-2-501-10344-2
Achevé d'imprimer en Espagne chez Macrolibros en juillet 2015

PAPIER À BASE DE FIBRES CERTIFIÉES

MARABOUT
s'engage pour l'environnement en réduisant l'empreinte carbone de ses livres.
Celle de cet exemplaire est de :
400 g éq. CO_2
Rendez-vous sur www.marabout-durable.fr